BEI GRIN MACHT SICH IHR WISSEN BEZAHLT

- Wir veröffentlichen Ihre Hausarbeit, Bachelor- und Masterarbeit

- Ihr eigenes eBook und Buch - weltweit in allen wichtigen Shops

- Verdienen Sie an jedem Verkauf

Jetzt bei www.GRIN.com hochladen und kostenlos publizieren

Bibliografische Information der Deutschen Nationalbibliothek:

Die Deutsche Bibliothek verzeichnet diese Publikation in der Deutschen Nationalbibliografie; detaillierte bibliografische Daten sind im Internet über http://dnb.d-nb.de/ abrufbar.

Dieses Werk sowie alle darin enthaltenen einzelnen Beiträge und Abbildungen sind urheberrechtlich geschützt. Jede Verwertung, die nicht ausdrücklich vom Urheberrechtsschutz zugelassen ist, bedarf der vorherigen Zustimmung des Verlages. Das gilt insbesondere für Vervielfältigungen, Bearbeitungen, Übersetzungen, Mikroverfilmungen, Auswertungen durch Datenbanken und für die Einspeicherung und Verarbeitung in elektronische Systeme. Alle Rechte, auch die des auszugsweisen Nachdrucks, der fotomechanischen Wiedergabe (einschließlich Mikrokopie) sowie der Auswertung durch Datenbanken oder ähnliche Einrichtungen, vorbehalten.

Impressum:

Copyright © 2013 GRIN Verlag, Open Publishing GmbH
Druck und Bindung: Books on Demand GmbH, Norderstedt Germany
ISBN: 9783668456150

Dieses Buch bei GRIN:

http://www.grin.com/de/e-book/366899/protect-me-darstellung-der-selbstentfremdung-in-geste-und-tanz

Ariadne Stickel

"Protect me". Darstellung der Selbstentfremdung in Geste und Tanz

GRIN Verlag

GRIN - Your knowledge has value

Der GRIN Verlag publiziert seit 1998 wissenschaftliche Arbeiten von Studenten, Hochschullehrern und anderen Akademikern als eBook und gedrucktes Buch. Die Verlagswebsite www.grin.com ist die ideale Plattform zur Veröffentlichung von Hausarbeiten, Abschlussarbeiten, wissenschaftlichen Aufsätzen, Dissertationen und Fachbüchern.

Besuchen Sie uns im Internet:

http://www.grin.com/

http://www.facebook.com/grincom

http://www.twitter.com/grin_com

Freie Universität Berlin
Institut für Theaterwissenschaft
Wintersemester 2012/2013
„Einführung in die Aufführungsanalyse"
Modul Gegenwartstheater

„Protect me"

Die Darstellung der Selbstentfremdung in Geste und Tanz

Stickel, Ariadne
Modul: 90 LP Kernfach
Theaterwissenschaft

Inhalt

1. Einleitung 3
2. Auftakt, 1. Szene 4
3. Die Darstellung des eigenen Körpers als fremdes Objekt 5
    3.1 Ein Solo 5
    3.2 Der Körper als eigenes Forschungsobjekt 5
4. Erhard Marggraf als seniler Vater 6
5. Glaskästen als isolierendes Element im Kontext der Bewegung 7
6. Ein Duett zwischen Nähe und Distanz 11
7. Schlussbetrachtung 12

Besetzung 13

1. Einleitung

Mein Besuch der Aufführung von Anouk van Dijks und Falk Richters Tanztheater „Protect me" liegt bereits etwas mehr als vier Monate zurück. Ich hatte zum damaligen Zeitpunkt nicht die Möglichkeit, mir das Stück ein weiteres Mal anzuschauen. Allerdings ist es mir lebhaft im Gedächtnis geblieben. Nichtsdestotrotz weisen meine Erinnerungen Lücken auf, die ich mir durch einmalig verwendetes Videomaterial, sowie ein Erinnerungsprotokoll zu füllen gesucht habe.

Immer wieder hatte ich während der Aufführung das Gefühl, kaum Zeit zu haben, um Luft zu holen. Es handelt von Figuren, die alle eines gemein haben. Permanent geplagt von dem Gefühl, irgendetwas stimme nicht, suchen sie nach Halt, Sinn und Substanz. Sie sind einsam und rastlos, überarbeiten sich, brechen zusammen, machen weiter wie zuvor und jeder scheint auf seine Art, sich selbst verloren zu haben. Für ein Innehalten, so scheint es, bleibt ihnen keine Zeit, zu groß die Angst, den Anschluss zu verlieren, zu gering das Vertrauen in sich selbst. Der Aufbau des Stückes ist collagenhaft und skizziert Teilbereiche unserer Gesellschaft. Aktuell diskutierte Themen wie die Wirtschaftskrise, Individualisierung, Demenz, Burnout, Orientierungslosigkeit, Coaching für alles und jeden und übersättigte Märkte werden aufgegriffen. Inhalte also, die Großteils mit einem Gefühl des Unbehagens in Verbindung gebracht werden.

Was aber genau ruft beim Zuschauer, zumindest mir selbst, häufig das Gefühl von Atemlosigkeit, Unbehagen und Enge hervor? Wodurch ist bei mir der Eindruck entstanden, dass jede der dargestellten Figuren der Hilfe bedarf, überfordert und alleine ist? Welcher Mittel wird sich in „Protect me" bedient, welche Elemente geschaffen, um eben dies zu bewirken? Vor dem Hintergrund dieser Fragestellung werde ich im Folgenden die Bewegungen und die Gesten untersuchen. Auf Inhalt und Sprache werde ich nur im Ansatz eingehen, wenn dies zum Verständnis notwendig ist. Zwar werde ich chronologisch vorgehen, in Anbetracht des Umfangs jedoch nicht jede einzelne Szene analysieren, sondern nur diejenigen, die mir von besonderer Bedeutung für genannte Fragestellung erscheinen.

2. Auftakt, 1. Szene

Wie nicht anders zu erwarten spielt der Körper und die Bewegung in „Protect me" eine ebenso zentrale Rolle wie der Text. Noch bevor ein Wort gesprochen wurde und die Darsteller beginnen, sich zu bewegen, erfahre ich durch ihn, was für eine Stimmung in diesem Stück vorherrschend ist. Es beginnt mit langsam an- und ausgehendem Licht. Sieben Darsteller sind im hinteren Teil der Bühne verteilt. Sie wirkt ansonsten recht leer. Vorne rechts stehen etliche Mikrofone, ein paar Hocker sind am hinteren Bühnenrand verteilt und links steht ein nach vorne verglaster Kasten, der an ein Schaufenster erinnert und in den von beiden Seiten eine Tür führt, wie sich später herausstellen wird. Sie sitzen, stehen oder liegen mit verschränkten Armen, gesenktem oder in die Hände gestütztem Kopf, mit aufgezogener Kapuze oder einander stützend, zum Publikum hin- als auch abgewandt. Ihre Haltungen rufen Assoziationen der Schwere, Überforderung und Einsamkeit hervor. Alle verändern ihre Position zunächst nur, wenn das Licht aus ist, für das Publikum also nicht sichtbar. Dazu ist langsame Musik eines Streichinstruments zu hören, welche die Stimmung ebenfalls unterstreicht. Kaum erkennbar beginnen sich die Schauspieler auch in Momenten, in denen das Licht an ist, zu bewegen. Sie werden langsam schneller bis sie schließlich hektisch durch den Raum laufen. Einzelne gehen gezielt zum Mikrofon, halten inne, heben an, etwas zu sagen, um sich sogleich wieder abrupt abzuwenden. Es kommt zu einer Begegnung zweier Schauspieler, die sich in ähnlicher Form noch etliche Male wiederholt. In diesem Fall stehen sie zunächst nah beieinander, die Köpfe dicht beisammen. Sie fassen sich langsam bei jeweils einer Hand und lassen sich nach außen hängen. Die Schauspielerin, die das Mikrofon in der anderen mitgeführt hat, spricht die Worte „there is really noone responsible for anything anymore", woraufhin sie sich loslassen, alleine zu Boden fallen und das Licht ausgeht. Gewiss verstärken sowohl Licht und der Ton eines EKG's, als auch ihre Worte die Wirkung dieser kurzen Begegnung, und doch ist es für mich die Bewegung, die ihr Intensität verleiht und sie mir in Erinnerung bleiben lässt.

3. Die Darstellung des eigenen Körpers als fremdes Objekt

3.1 Ein Solo

In einem mir Minuten lang erscheinenden Tanzsolo zu einem unangenehmen Rauschen rennt Franz Rogowski in einem ihm folgenden Spotlight kreuz und quer über die Bühne, kehrt mittendrin um, stürzt, richtet sich wieder auf ohne innezuhalten und läuft weiter. Im nächsten Moment schlägt er um sich, dreht sich im Kreis, fällt wieder, rappelt sich erneut auf und rennt weiter. Er rutscht mit dem Bauch quer über die Bühne, steht auf und taumelt, ohne dass er ein Ziel zu verfolgen scheint. Dabei sieht es aus, als habe er jede Kontrolle über die Steuerung des eigenen Körpers verloren. Durch die plötzlichen Richtungswechsel und das scheinbar beliebige und willkürliche Umherschleudern der Arme wirkt es, als würde nicht er selbst, sondern eine Kraft von außen Impulse geben, die darüber bestimmen, welche Bewegungen als nächstes ausgeführt werden. Sein direktes Weiterrennen nach dem Fall erinnert mich an ein unkontrolliert ferngesteuertes Auto, welches sich überschlägt, um noch bevor es zum Stillstand kommt weiterzufahren. Dieser anfängliche Tanz verkörpert die Figur der/des Getriebenen ohne Ziel, die im weiteren Verlauf in Form unterschiedlicher Darsteller immer wieder auftaucht.

3.2 Der Körper als eigenes Forschungsobjekt

In der hierauf folgenden Szene stellt sich dem Publikum Kay Bartholomäus Schulze als die Figur eines Regisseurs vor, die ich im weiteren Verlauf auch als solchen bezeichnen werde, der auf der Suche nach einem passenden Titel für ein Stück ist. Er steht am linken Bühnenrand an einem Mikrofon. Nach einer Weile beginnt der ein paar Meter weiter rechts stehende Stefan Stern seine Gedanken und Sätze zu vervollständigen bzw. zu ergänzen. Sie sprechen von Ängsten, Krisen, von Erschöpfung und Einsamkeit. Währenddessen sitzen im hinteren Bühnenraum verteilt sechs Darsteller, jeder für sich allein und beginnen den eigenen Körper zu untersuchen. Eine Darstellerin hält ihren Arm waagerecht vor sich hin, zieht ihre eigene Haut nach oben und lässt sie wieder los. Ein weiterer zieht sein Hemd hoch und betrachtet sich selbst dabei, wie er sich in den Bauch kneift. Auch die restlichen vier beginnen nun unterschiedliche Stellen des eigenen Körpers zu erforschen, indem sie oder er sich selbst an verschiedenen Stellen anfasst. Durch das Beobachten der eigenen Handlung, als haben sie noch nie gesehen, wie ihr Körper sich verhält, was passiert wenn man die Haut hochzieht und loslässt, als wissen sie nicht wie er sich anfühlt, wirkt es, als gehöre er nicht zu ihnen, als sei es ein fremdes Objekt, das es gilt zu untersuchen. Dabei geht die Bewegung aller langsam in einen Tanz über. Immer wieder wird dabei von dem oben beschriebenen Element, das ich als Fremd- bzw. Fernsteuerung bezeichnet habe, Gebrauch gemacht und es fällt ein Darsteller scheinbar aus dem Nichts plötzlich zu Boden. Im Verlauf ergreifen weitere Darsteller das Wort. Als eine der Frauen bühnenmittig zum Mikrofon greift und zu sprechen beginnt, wird sie von einem Mitspieler zu Boden gezogen. Dieser kam ohne Vorankündigung von der linken Seite angerannt. Sie wehrt sich während er sich auf sie wirft und probiert sie bei sich zu halten. Ihre Körpersprache drückt Abweisung aus, indem sie die Beine wild hin und her bewegt, probiert, ihm den Rücken zuzukehren und durch viel Bewegung versucht, sich aus seinem Griff zu lösen. Unwillkürlich erinnert das Bild an eine Vergewaltigung, die ebenfalls einen Kontrollverlust darstellt. Währenddessen zieht sich Franz Rogowski, der zuvor das Solo getanzt hatte (s.o.) aus, bis er nackt dasteht und sein Glied von sich wegzieht und wieder loslässt. Diesen Vorgang wiederholt er viele Male. Auch hier entsteht der für mich befremdliche Eindruck, dass der eigene Körper nicht zu seiner Person gehört, ruft ein Unbehagen hervor und fühlt sich unstimmig an.

4. Erhard Marggraf als seniler Vater

Kurz darauf betritt der bald 90 Jahre alte Erhard Marggraf zum ersten Mal die Bühne, während die restlichen Darsteller abermals jeder für sich auf der Bühne verteilt herumstehen. Er spielt den Vater des Regisseurs und ich werde ihn fortan als solchen bezeichnen. Sein Erscheinungsbild hebt sich zunächst deutlich von dem der übrigen acht Darsteller ab. Ein in die Jahre gekommener Körper, der längst nicht mehr frei von Falten ist und für den jede einzelne Bewegung eine Anstrengung bedeutet. Und auch wenn grundsätzlich alte Körper durchaus noch imstande sind Leichtigkeit auszustrahlen, dieser tut es nicht. Die Füße kaum vom Boden hebend schlurft er in einem weißen Bademantel auf die Bühne, hält inne, schaut sich im ganzen Raum um, geht weiter, blickt zurück und läuft zwei Schritte in die Richtung aus der er gekommen ist. Und wieder wird deutlich, wie es um die Befindlichkeit der Figur steht, noch bevor ein Wort über diese gesprochen wird. Zwar weiß ich noch nichts über die genauen Hintergründe, sehr wohl aber wird allein durch den Auftritt und die damit einhergehende Bewegung deutlich, dass er als die Figur des alten, einsamen und verwitweten Vaters nicht recht zu wissen scheint, was da gerade mit ihm passiert oder wo er genau ist. Durch das langsame Bewegen und Umherschauen im Raum, den etwas über die Hände reichenden Bademantel, das Vor- und Zurückgehen und das Schlurfen wird der Eindruck von Desorientierung, Hilfsbedürftigkeit, Unentschlossen- und Verlorenheit erweckt. Auch er betrachtet und untersucht im weiteren Verlauf bei hochgeschobenen Ärmeln seine Arme und berührt sie, als wisse er nicht, wozu er diese gebrauchen solle. Die Tatsache allerdings, dass er in einem so fortgeschrittenen Alter ist und sein Leben im Gegensatz zu den anderen Figuren hinter sich hat, erscheint mir wie eine Rechtfertigung für seinen Zustand und wirkt, trotz seiner Verwirrtheit und Senilität, im Vergleich zu den restlichen Figuren weniger verzweifelt.

5. Glaskästen als isolierendes Element im Kontext der Bewegung

Die im Folgenden beschriebenen Szenen und Sequenzen, in denen es neben der Musik maßgeblich die Bewegung ist, die Aussagen über den jeweiligen Zustand der Figuren macht, spielen sich Großteils in den schaufensterähnlichen Glaskästen ab. Dabei steht die sich im jeweiligen Glaskasten abspielende Handlung in keinem erkennbaren Zusammenhang zu den anderen. Es entstehen voneinander isolierte Parallelwelten. Zu dem bereits erwähnten Kasten auf der linken Seite sind zwei weitere auf die rechte gerollt worden, die Wand an Wand bzw. Tür an Tür stehen. Im ganz rechts stehenden sitzt der Vater. Ihm gegenüber steht ein Hocker, der unbesetzt ist und auch die beiden anderen Glaskästen sind zunächst leer. Nach einiger Zeit nimmt der Regisseur, der zugleich den Sohn von Erhard Marggraf als Vater darstellt, Anlauf und rutscht auf dem Bauch vor den Kästen von links nach rechts über die Bühne. Er öffnet die rechte Tür des am äußersten Rand stehenden und tritt ein. Der Vater steht auf und spricht mit ihm. Durch die gestikulierenden Armbewegungen wirkt er fordernd. Der Sohn hat seine Hand bereits am Türgriff der in den nächsten Kasten führenden Tür, winkt und wendet sich ab, als wolle er schnellstmöglich fort. Er öffnet sie, geht hindurch und lässt den Vater allein.

Im linken Glaskasten haben sich derweil drei Darsteller und eine Darstellerin eingefunden, deren Haltung an ein Werbeplakat eines Kleidergeschäftes erinnert. Begleitet von Trance-Musik in Form einer langsam singenden Männerstimme. Das rosafarbene Kleid der Frau wird durch von unten kommende Luft hochgeweht, den Kopf hat sie ein wenig schräg gelegt und die Hemden der Männer sind zum Teil halb oder ganz aufgeknöpft, sodass ihr nackter Oberkörper zu sehen ist. Sie bewegen sich zunächst nicht, verändern dann ihre Pose und verharren einen Moment in ihr, verändern sie wieder und behalten die nächste eine Weile bei. Dabei entkleiden sie sich bei jedem Positionswechsel ein bisschen mehr. Auch rechts beginnen Vater und Sohn sich oben herum langsam auszuziehen.

Hinter dem linken Kasten tritt Judith Rosmair als Tänzerin hervor. Sie trägt ein Kleid und hochhackige Schuhe. Wie bei einer Modenschau läuft sie von hinten nach vorne, macht eine kleine Drehung, bleibt kurz stehen, um sich und ihre Kleider dem Publikum zu präsentieren und läuft zurück. Beim zweiten oder dritten Mal knicken ihre Beine plötzlich weg, sie fällt, steht auf, bewegt ihre Arme scheinbar willkürlich, ähnlich wie bei anfänglich beschriebenem Solo. Diese Tänzerin allerdings scheint sich dem Kontrollverlust widersetzen zu wollen, indem sie sich auf einen Hocker setzt, der Körper ihr kurze Zeit gehorcht, doch nach Sekunden der zurückgewonnenen Kontrolle springt sie wieder auf, sackt in sich zusammen oder stürzt. Sie rennt umher, wobei sie sich die Schuhe auszieht, was fast zum Fall führt. Dadurch, dass sie scheinbar versucht die Selbstbeherrschung wieder zu gewinnen, es jedoch nicht gelingt, wirkt es noch verzweifelter als bei erstem Solo. Die Situation wiederholt sich bei einer zweiten Tänzerin. Auch sie verliert scheinbar plötzlich die Steuerung über ihren Körper, während sie sich dem Publikum in ähnlichem Outfit wie die erste präsentiert. Sie tanzt während der gesamten nächsten Szene weitgehend auf einer Stelle bleibend, wobei sie beispielsweise mit angewinkelten Armen schnell auf einer Stelle tritt, als würde sie rennen, bewegt sich dabei aber nicht vorwärts, was die Rast- und Ruhelosigkeit bei gleichzeitigem Stagnationsgefühl vieler dieser Figuren zum Ausdruck bringt. Die Männer im linken Kasten haben sich mittlerweile bis auf die Unterhose ausgezogen, die Frau hat die Träger des Kleides heruntergezogen, sodass sie oben nur noch ihren BH trägt. Sohn und Vater stehen und sitzen alleine in „ihren" Glaskästen. Der Sohn nackt bis auf die Unterhose, der Vater starrt mit freiem Oberkörper seitlich zum Publikum sitzend scheinbar ins Nichts.

Als die erste Tänzerin, die seit ihrem „Kontrollverlust" nicht mehr zur Ruhe gekommen ist, hastig in den Kasten des Sohnes einfällt, zuckt dieser zusammen und kauert sich mit angewinkelten Beinen auf einem Hocker gegen die rechte Wand, während sie beginnt herumzuklettern, indem sie die Arme und Beine an die je voneinander gegenüberliegenden Wände stemmt. Ebenso schnell rennt sie wieder hinaus und tritt gegen einen Hocker, dass er umfällt. Der Sohn kneift sich in gebeugter Haltung immer wieder in Bauch und Arm. Sie nimmt mit ihrem Rennen den gesamten vorderen Bühnenteil ein. Immer wieder schleudert sie ihren Kopf von rechts nach links, von oben nach unten. Ihre langen Haare vergrößern die Wirkung dieser Bewegung. Sie taumelt zurück zum Kasten, in dem der Sohn sitzt, rennt durch ihn hindurch in den des Vaters und wieder hinaus. Dabei lässt sie die Türe offen stehen und rennt sofort wieder zurück. Dieser Vorgang des 'Rein- und 'Rausrennens wiederholt sich nun mehrere Male. Sie klettert in den Kästen herum, sodass sie teilweise kopfüber in ihm hängt, während sie sich oben an etwas, für den Zuschauer nicht Sichtbarem, festhält. Während der Vater zunächst sitzen bleibt, wenn sie sich bei ihm aufhält und dabei die Arme vor seinen Körper hält, als wolle er sich schützen und sie abwehren, weicht der Sohn ihr aktiv aus. Auch er hält ängstlich die Arme vor seinen Körper und scheint zu versuchen stets den größtmöglichen Abstand auf diesem engen Raum zu ihr halten zu wollen. Das Licht geht dabei abwechselnd in jeweils einem der Kästen an, während die zwei anderen dunkel bleiben. Nach einer Weile hängen Sohn und Tänzerin ineinander verschlungen an der Decke des Kastens, die Beine hochgezogen. Die Bewegungen beider wirken durchgängig unkoordiniert. Als sie sich wieder von der Decke fallen lassen zieht er sie an sich, hebt ihren Rock und drückt sie gegen die Wand. Sie fassen sich gegenseitig am gesamten Körper an. Dabei rutscht sie auf den Boden, woraufhin er sich aus ihren Armen herauswindet und eilig seine Kleider zusammensucht. Sie befinden sich also die gesamte

Zeit auf engem Raum und sind sich körperlich sehr nah, allerdings kommt es zu keinem Zeitpunkt tatsächlich zu einer Begegnung. Durch die Möglichkeit des Kontakts, die theoretisch durch die Anwesenheit beider gegeben ist, die Tatsache, dass von ihr praktisch aber keiner Gebrauch macht, wird mein Eindruck der Einsamkeit größer wenn sie gemeinsam in dem Kasten sind, als wenn jeder für sich ist. Sie öffnet die Tür und geht in schnellem Schritt hinaus. Sie scheint die Kontrolle über ihren Körper zurückgewonnen zu haben, blickt im Gehen nochmal kurz zurück und es wirkt, als verstehe sie nicht, was da gerade vor sich gegangen ist. Sie präsentiert sich dem Publikum ähnlich wie am Anfang, bevor sie nach hinten von der Bühne abgeht. Ihr Anknüpfen an die beim Auftritt begonnene Handlung des modenschauähnlichen Präsentierens lässt den eben beschriebenen Teil unwirklich erscheinen.

Der Vater ist in seinem Kasten währenddessen aufgestanden. Er wirkt verloren, tastet die Wände mit seinen Händen ab, als suche er etwas oder wisse nicht, wo er sei, während sich – nur für das Publikum sichtbar – nebenan die eben beschriebene Szene mit seinem Sohn und der Tänzerin abspielt. Da meine Konzentration während dieser Zeit der rechten Seite gilt, erinnere ich mich nur bruchstückhaft daran, was im linken Kasten passiert. Auch diese vier Darsteller hängen im wahrsten Sinne des Wortes ineinander verschlungen im Kasten und beginnen - bis auf die Frau - alle nacheinander aus der linken Tür hinaus, über das Dach und durch die rechte wieder hineinzuklettern. Ich erinnere mich daran, wie Stefan Stern sich auf dem Dach des Kastens halb kniend in eine Heldenpose begibt, indem er die Arme ausstreckt, die Hände zu Fäusten ballt und den Blick nach vorne oben richtet. Das gesamte Schauspiel in und auf dem linken Kasten wirkt in krassem Kontrast zu dem einsamen Vater, der wahnsinnig anmutenden Tänzerin und dem ängstlich überforderten Sohn wie eine einstudierte Show. Ab einem bestimmten Zeitpunkt ist die Frau alleine in dem Kasten und lässt sich zunächst langsam, dann schneller werdend von einer Seite zur anderen fallen, wobei sie im Gegensatz zu ihren Beinen vor Allem den Oberkörper bewegt. Ihr Kleid wird weiterhin nach oben geweht und auch sie wirkt nun zunehmend orientierungslos.

6. Ein Duett zwischen Nähe und Distanz

Ich möchte mit einer für „Protect me" bezeichnenden und vor dem Hintergrund meiner Fragestellung relevanten Szene schließen. Sie handelt von einem Paar, von dem beide wollen, dass jeweils der Partner über Nacht kommt. Nach langem Hin und Her, abwägen und verhandeln entscheidet sich schließlich Luise Wolfram als Frau, den Weg auf sich zu nehmen und zu ihm zu fahren. Während des Gesprächs sitzt bzw. steht Stefan Stern als ihr Partner im linken Glaskasten, während sie bühnenmittig auf dem Boden sitzt. Die gesamte Szene wird von einem Tanz zweier Darsteller begleitet. Philipp Fricke klettert als Tänzer A auf die rechts stehenden Glaskästen. Er schiebt sie dabei ein Stück auseinander, sodass eine Lücke entsteht. Er stellt sich, dem Publikum den Rücken zugewandt, mit dem einen Fuß auf den linken und dem anderen auf den rechten Kasten. Nun zieht er Franz Rogowski, er sei Tänzer B, hinauf und geht hinüber auf den linken Glaskasten, Rogowski nach rechts. Sie stehen sich eine Weile gegenüber, bevor sie langsam die Arme heben und ihre Hände zusammenführen. Anschließend fassen sie sich bei den Schultern, wozu sie sich beide ein wenig nach vorne lehnen müssen. B schiebt dabei den Kasten auf dem er steht mit seinen Füßen weg, wobei er sich mit seinem Oberkörper an Tänzer A lehnt bzw. dieser ihn stützt. Der Abstand zwischen den Kästen vergrößert sich so Stück für Stück. Als sie ca. zwei Beinlängen voneinander entfernt sind, zieht A B hinüber. Dieser macht einen großen Schritt, sodass er in Spagatstellung, ein Fuß am rechten, einen am linken Kasten, in der Luft hängt. Nachdem er von seinem Gegenüber hinübergezogen wurde fallen sie sich in die Arme. Weiterhin eng umschlungen beginnen sie sich gegeneinander zu stemmen, sodass der Eindruck eines Ringkampfes entsteht, bei dem der eine den anderen in diesem Falle von dem Kasten stoßen möchte. Beide springen schließlich an der linken Seite hinunter, lassen voneinander ab, um sogleich ihr Ringen wieder aufzunehmen. Aus dem Gegeneinander wird kurzzeitig ein Miteinander. Dabei lässt A sich in die Arme von B fallen, der ihn auffängt und ihm über den Kopf streicht, ein Eindruck von Zärtlichkeit entsteht. Im nächsten Moment lässt er ihn fallen und rennt von ihm weg, bleibt jedoch sogleich stehen, um kehrt zu machen und zu ihm zurückzulaufen. Dann wieder ist A es, der sich plötzlich von ihm abwendet. In ständigem Wechsel zwischen Anziehen und Abstoßen kommt es zu keinem Zeitpunkt zu einer längerfristigen Situation von Bleiben oder Gehen. Dieses „Spiel" der beiden Tänzer hab ich als eindrucksvolle Darstellung einer spannungsreichen Ambivalenz zwischen Sehnsucht und Angst erlebt.

7. Schlussbetrachtung

„Man, ist das alles traurig und einsam und scheiße" denn „Irgendetwas stimmt nicht"

Wie an den ausgewählten Beispielen des vorliegenden Textes deutlich wird, sind diese beiden während des Stückes häufig auftretenden Aussagen auch Botschaft fast aller Bewegungen.

Obgleich es in „Protect me" Passagen gibt, die ich insbesondere im Text als überzogen dargestellt empfinde, berührt und überzeugt mich die Art und Weise der Inszenierung. Es ist in meinen Augen stellenweise voll gelungen den Zeitgeist in Gestalt von Tanz und Text zu beschreiben. Ebenso wie mir viele Menschen heutzutage atemlos von A nach B zu rennen scheinen, ohne recht zu wissen wofür, um alles schnellstmöglich zu erledigen, ohne zu wissen warum, kommen auch die Figuren im Stück nur selten zur Ruhe. Wenn sie es tun, wie beispielsweise in oben beschriebener Szene, in der die Darsteller ihren Körper untersuchen, so scheinen sie nicht recht zu wissen, wer sie sind, geschweige denn was sie mit sich anfangen sollen.

Anouk van Dijk und Falk Richter gelingt in „Protect me" die Darstellung des zwanghaften Aufrechterhalten-Wollens des Scheins, des rastlosen Arbeitswahns und der verzweifelten Suche nach Substanz.

Besetzung

Regie und Choreographie: Falk Richter und Anouk van Dijk

Bühne: Katrin Hoffmann

Kostüme: Daniela Selig

Musik: Malte Beckenbach und Matthias Grübel

Dramaturgie: Bernd Stegemann

Licht: Carsten Sander

Mit: Philipp Fricke, Angie Lau, Erhard Marggraf, Franz Rogowski, Judith Rosmair, Kay Bartholomäus Schulze, Stefan Stern, Luise Wolfram und Nina Wollny

BEI GRIN MACHT SICH IHR WISSEN BEZAHLT

- Wir veröffentlichen Ihre Hausarbeit, Bachelor- und Masterarbeit

- Ihr eigenes eBook und Buch - weltweit in allen wichtigen Shops

- Verdienen Sie an jedem Verkauf

Jetzt bei www.GRIN.com hochladen und kostenlos publizieren